Cercle de l'Art Moderne

Bureau élu pour les Années 1906-1907

Président : M. Choupay.
36 bis, rue du Panorama, Ste-Adresse (Seine-Inférieure).

Secrétaire : M. Jean Aubry,
93, rue de Paris, Le Havre.

Trésorier : M. Louis Hurel,
16, rue Léon Buquet.

COMITÉ DE PEINTURE

MM. Othon Friesz.
Raoul Dufy.
Georges Braque.

COMITÉ D'EXPOSITION

MM. G. Dusseuil.
Aug. Marande.
Van der Velde.

MEMBRES SUPPLÉANTS

MM. Ch. Braque, Luthy, Ch. Lavaud

MEMBRES FONDATEURS

MM.
G. Jean Aubry.
J. Ausset.
J. Biette.
Ch. Braque.
Geo. Braque.
André Caplet.
Charasson.
E. Choupay.
F. Dennis.
R. Dufy.

MM.
Geo. Dupuis.
G. Dusseuil.
E.-O. Friesz.
L. Hurel.
Ch. Lavaud.
Lüthy.
Aug. Marande.
Victor Marande.
Ch. Maurech.
Gaston Prunier.

MM.
A. Roussat.
H. de Saint-Delis.
R. de Saint-Delis.
O. Senn.
H. Thieullent.
P. Van der Velde.
M. Vieillard.
H. Woollett.

EXTRAITS DU RÈGLEMENT D'EXPOSITION

Le Cercle prélève un droit de 10 o/o sur la vente des œuvres exposées, perçu par moitié sur l'artiste et sur l'acheteur.

Les ouvrages exposés ne pourront être retirés avant la fermeture de l'Exposition.

Aucune vente ne peut avoir lieu pendant l'Exposition sans l'intermédiaire du Cercle.

N.-B. — On peut se procurer à l'Exposition tous les renseignements nécessaires à l'achat des ouvrages, prix des œuvres, adresse des auteurs ou de leurs représentants.

à Monsieur G. Apollinaire
en hommage confraternel.
Fernand Fleuret.

PRÉFACE

*« ... Je ne vois effacement de rien
qui ait été beau dans le Passé ».*
Steph. MALLARMÉ.

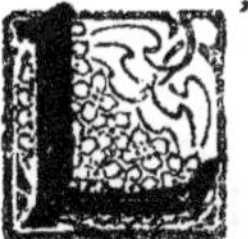'ARTISTE moderne, qui « traite l'écriture comme une forme de dessin travaillé, et non comme un moyen de raconter », qui ne décrit pas « le bois intrinsèque et dense des arbres », demeure insensible à tous reproches d'obscurité et ne cherche à tenter que quelques curieux avertis.

Cette attitude devant la masse, on la lui reproche comme un dandysme nouveau, car on ignore, ou feint d'ignorer, que les génies classiques même ne travaillèrent que pour une élite — cela, il est vrai, avant le mal démocratique et les journaux. L'accusation de démence pure est, entre toutes, la plus prodiguée aux coloristes, comme s'il était admissible, a dit quelque part un écrivain, que des hommes adonnés aux travaux intellectuels, aux spéculations de la pensée, aillent sciemment et directement à l'absurde.

On croirait, volontiers, qu'une telle stupeur est motivée par la spontanéité d'un mouvement, par une rupture subite avec la tradition. Cependant, il n'en est rien. Depuis longtemps déjà, des groupes assistent, « hors de la place publique, à une inquiétude du voile dans le temple, avec des plis significatifs, et un peu sa déchirure ». Le retour assez marqué à la tradition aurait pu décevoir l'attroupement des badauds et troubler l'empirisme de quelques critiques d'art; mais, étrangeté! la tradition était inconnue, comme ces choses cataloguées qu'un ami des poussières découvre un jour, mutilées ou misérables. Le catalogue, lui, reste seul l'éternel monument des constatations indolentes, des curiosités paresseuses, vite satisfaites. L'oubli, il faut le dire, fut séculaire.

Après la Renaissance, l'âme antique, « rude et vaine, — Qui ne voyait dans la douleur, — Que l'acuité de la peine, — Ou l'étonnement du malheur », l'âme antique hanta les somptuaires de toutes gloires. Où relégués, par cette caméristе italienne, les meubles, livres, panneaux peints, bois sculptés? Il fallut que les hauts navires du XVIIe siècle rapportassent, avec des remugles étranges, quelques motifs bizarres où le vieil instinct retrouva les formules typéales de l'art décoratif.

Qu'un Poussin, un Claude Gelée, un Watteau, un Delacroix aient intensifié la couleur et ramené le dessin à son rôle; que les impressionnistes nous aient éduqué l'œil par des gymnastiques et sur des notations documentaires, ils n'ont pas légué une formule générale où couler, d'un seul coup, notre fantaisie d'art. Comment, et en quels casiers, resserrer, avec ordre, les butins exquis pour, plus tard, en mêler à nos matériaux sur le fond, encore vierge, d'une mosaïque? — Nous voulons dire qu'à l'apport pictural ne correspondait pas un apport linéaire équivalent. Le souvenir des anciens canons, encore que pâli, retenait de bras défaillants et pitoyables les désirs libertaires de la composition,

Les conseils mystérieux des décorateurs hindous et égyptiens, qui brusquent ou allongent les courbes mélodieuses des danseuses sacrées; des Persans, accablant de sélams la laine; des tendres Chinois, qui réconcilient sur des kaolins les disparates et leur font jaser des badinages; des Japonais, qui cloisonnent le dessin et lancent audacieusement sur des turbulences cérulées des jonques noires, initièrent aux jongleries avec la Nature et l'Art. Il nous apprit encore, leur langage simulé, que la réalité n'est qu'un tremplin où ne revenir que par jeu, et que l'arbre fournit à l'homme les fruits et — l'arabesque...

Inconscients amis de la tradition aryenne, les primitifs, heurtant vivement les contrastes, chantèrent les pays gras, où des rustres, à défaut de proportions et musculature rigoureuses, partent orner l'ombre sylvestre de l'éclat de leurs cottes, et se gardent de n'offenser point, d'un geste discord, la contorsion élégante d'une tige, la mollesse circonflexe d'un chaume lointain, de ne fouler du pied cette fleur qui pose et accomplit son rôle immobile.

On sut des graveurs sur bois, peintres verriers et fèvres, que pour atteindre au hiératisme religieux, à l'insexualité angélique, ils taillaient en lignes brisées des corps exiles, dont les angles, nombreux, sinuaient les draperies amples; qu'en leurs compositions étudiées, où le hasard ne distribue pas les places, les détails ont des précisions de chiffres et, à l'œil, délicieusement, s'additionnent. On sut aussi qu'ils déformaient les objets en calcul de la composition générale, qu'ils tiraient parti de leur ignorance des perspectives, et qu'enfin ils ne sculptaient avec d'apparentes gaucheries que pour surprendre, aussitôt, par une volonté, une habileté colossales. Mieux, la justesse de ces constatations se vérifie en leur frère de génie, Villon, qui dans la triple cloison des ballades coula sa passion brûlante, et appendit à ces émaux, léger et les reflétant, l'Envoi, perle baroque.

Il fut aisé de se rendre compte de la persistance de cet art traditionnel là où les dieux de l'Olympe ne pénétrèrent pas, ou quelque rudesse native défendait l'accès de l'atelier populaire. De l'imagerie d'Epinal, des coloriages de la Restauration, qui palissent les estampes galantes du XVIIIe siècle, ne sort-il pas comme une moquerie rurale à l'adresse de l'art officiel en épitoge?

Ainsi, du steamer qui l'emportait vers des races primitives, le silence monstrueux et l'éclosion d'un soleil neuf sur les montagnes, Gauguin put voir dans le Passé mille gestes amis.

Trop appuyer, peut-être, sur ces origines — ou similitudes?...

Maintenant, cet amour de la composition est-il simplement le fait de quelques capricieux ou bien l'indication d'une mentalité d'époque? L'âme moderne est-elle donc si gonflée d'apports ancestraux, et si nouvelle, qu'il lui faille abandonner le vieil homme? Enfin, aux rites aryens quelles liturgies mêle-t-elle pour honorer ses dieux indigètes?

La « mutinerie exprès » de Laforgue accoutuma les lettrés à la pensée de quelque moule prosodique futur. Les tentatives des premiers impressionnistes eurent pour les peintres un effet identique. Verlaine disloqua l'ancien instrument, le fora, et tira de ce bois crevé des turlututus mérulins, des pamoisons de pigeonnier et des douceurs sanglotantes. Mallarmé résolut le problème du style. Poète, il lui fallut encore être grammate.

Dans les jardins de la littérature, sa demeure isolée... Les chambres, carrées comme des strophes, correspondent. Les bronzes rares se détachent en valeur dans une égale lumière. Le vent loure, tour à tour, sous les portes, les fluidités verlainiennes et la crispante douleur de Baudelaire. Et la Nuance, prêtresse ici, les marie, elle qui « fiance le rêve au rêve et la flûte au cor ». L'acoustique rend distinctes les allusions à voix basses, et, à l'heure profonde où le soleil héroïquement s'affaise dans les jonchaies « avec le désespoir d'un cri », de toutes choses, même des plus lointaines et ennemies s'exhale un chant significatif.

L'esprit moderne, inquiet et curieux, voudrait l'embrassement du mystère comme de tous objets familiers. Il les flatte en passant, ces objets, pour qu'éveillés à peine ils le renseignent sur la Proie qu'il poursuit. Il saura ainsi, sans jamais peut-être L'atteindre, Son pelage et la grâce arborescente de Son front, la source et l'air aromal qu'Elle épuise. Alors aimer ces témoins d'une convoitise pour les révélations qu'ils déploient.

Que la préoccupation littéraire ne semble pas ici une digression : « Connaître le principe de l'Art le plus haut, c'est connaître le principe de tous les arts. »

Ainsi le peintre rêve-t-il, aujourd'hui, de remplir sa toile de masses équilibrées. Rien qui ne prête concours à l'effet général ; rien qui ne possède en soi le sens de l'ensemble ; nulle tache qui ne soit liée à l'autre ou ne l'appelle. Comme le poète, il fiance des tons distincts ; il rompt l'amitié étroite de quelques autres en leur décelant des dissemblances ignorées et ne fait aux objets, dont il interprète les formes, qu'allusion. Comme le premier encore, qui, à l'aide d'une correspondance, dénonce un état d'âme mais ne reflète la nature négligée, il méprise l'anecdote et ne donne la vie à son œuvre qu'au moyen de heurts, harmonieux ou dissonnants à dessein, de couleurs.

Si l'on admet que la Musique, frappant l'oreille comme une petite enclume, sans éveiller d'images directes extasie ; si l'on admet encore que la Poésie inobjective peuple le cœur d'un drame passionné, on sera forcé de reconnaître à la Peinture le vouloir de ne donner qu'à l'œil — une fête.

Faut-il donc, dès lors, se résigner à ne plus ouïr sous la couleur la mélancolie de Weber, par exemple, et souffrir que le peintre mette à jamais en pénitence notre imagination jadis dévergondée ? — Qu'importe, vieil orchestre sentimental ! si, devant la toile de cet intransigeant, nous avons le plaisir physique d'exciter notre œil aux bariolages savants, et, comme nous laissons enfin les martelets musicaux atteindre notre passion du jour, la modeler, l'affiner ou la meurtrir, d'abandonner cet œil aux soins de la ligne, qui le promène et le véhicule suavement autour de son éclatant désir !

L'inquiétude d'un dessin ne devient pas, comme on l'a dit, inutile. Comme on l'a dit, le tapissier ne peut se substituer au peintre. La plénitude de notre joie requiert les fiançailles... Car le dessin est à la peinture ce qu'est à la pensée le déroulement du style : ils se révèlent l'un à l'autre des trouvailles.

Si donc le poète créa, en quelque façon, sa syntaxe, et réveilla le sens des mots dans l'hypogée antique, l'artiste déroba aux décorations séculaires des souplesses qui continssent les passions des couleurs pures. Tour à tour, comme les chiens du berger, elles les rassemblent, elles les harassent ; elles préviennent leurs ardeurs ; elles stimulent leurs langueurs ; elles répondent à leurs plaintes, et, sûres de les reconquérir en quelques bonds agiles, elles s'égaillent elles-mêmes, désertant l'ordre parfait,

Comme quelques poètes qui ne donnent aux vers que les seuls rythmes de l'éloquence ou les mouvements de la passion, substituant ainsi la pensée à l'*écriture*, le peintre dote parfois un ensemble de lignes de la densité d'un ton. De même, le manque de relation entre deux images correspond sur la toile à l'oubli volontaire de quelque agent ligatif. C'est que le poète et le peintre laissent aux correspondances subtiles et fortes de combler ces lacunes et promettent à l'intelligence ou à l'œil la joie d'une divination immédiate.

Plus que le dessin ou la langue, ces vacances déroutent les *insensibles*. Mais, il n'est de logogriphes indéchiffrables et de syllogismes paradoxaux que les mal construits. Ces modernismes peuvent effarer : il suffit de vouloir les entendre.

Les irrésolus, les timorés, que fréquentent encore les vieux fantômes shakespeariens du Regret et de la Peur, reculent et frissonnent ici comme au bord d'une fosse ténébreuse. Les fouisseurs qui creusent, en chantant, l'abyme où ne s'enfoncent que des cadavres inutiles et froids, ne recueilleront de cette veulerie spectatrice qu'un perpétuel *Alas!*

Cependant, le Livre n'est pas *écrit*, la Toile n'est point *faite*.

La photographie et la carte postale menaçent, au futur, *Pierre Grassou*. L'impatience moderne du document précis a libéré l'artiste de servilités, en confiant ce rôle à l'instrument. La sombre horreur de la catastrophe et du champ de bataille se reflète inversement en la sérénité de l'objectif. L'épicier, campé sur sa porte, livre son importance à la carte postale qui la multiplie et atteste en tous lieux la régularité de l'étalage et la bienveillance du sourire. Casanova eut titillé le cardinal de Bernis et les nonnes de Venise avec l'érotisme de Bruxelles. Les familles nombreuses illustrent l'album et n'offusquent plus les murailles. De tous coins d'un retrait embaumé, l'amant sent voleter à lui l'absente douceur d'un même regard.

Pareillement, le fait divers déçoit le roman naturaliste. La polémique fane la noble mode des rancunes versifiées, et au loraire tend le fouet de Némésis...

Ainsi, réduit à ses recherches en sa chatellenie solitaire, pendant que l'écrivain hollande aux Cendres sa plume, le peintre pourra-t-il coordonner ses notations et en tirer quelque enseignement. Le portrait, fatal *holicisme*, obligation de toutes époques, n'ayant déjà plus pour lui la valeur d'un document typéal mais seulement d'une alliance de tons locaux, de rapports et de lumières, il ne restera d'objet à sa fougue que la décoration pure.

Le tableau de chevalet, que les grands styles négligèrent et que l'impressionnisme, se cherchant, mit, ces temps, en vogue, le tableau de chevalet n'est qu'une préparation. Il est une préparation à la stabilité du style, et quelque chose comme l'édification d'un berceau pour la naissance du Génie. Et mille mains ouvrent les guillochures du hochet, ourdissent des laines pourpres ou organsinent des soies légères...

A Nietzsche, enfin, ce rapt d'une image dernière pour plus justement caractériser l'effort d'aujourd'hui : — *un arc qui brûle de connaître sa flèche.*

FERNAND FLEURET.

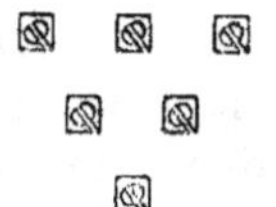

PEINTURE

PIERRE BONNARD

1. Le repos. 2. Au piano.

GEORGES BRAQUE

3. Nu. 4. Paysage. — L'Estaque.

ALBERT BRAUT

5. Le Parc de Saint-Cloud (*automne*).
6. Tête de jeune fille.

CHARLES CAMOIN

7. Etude de nu. 8. Paysage.

LUCIE COUSTURIER

9. Fruits et Fleurs. 10. Fleurs et Livres.

HENRI-EDMOND CROSS

11. Les Rochers *(côte provençale)*.
12. Une Plage *(côte provençale)*.

MAURICE DENIS

13. Temps de pluie à Sainte-Anne-la-Palud.
14. Intérieur.

ANDRÉ DERAIN

15. Le port de Collioure.
16. Le port de l'Estaque.

GEORGES DESVALLIÈRES

17. Au Moulin-Rouge (*tête d'étude*).
18. Un coin du Moulin-Rouge.

RAOUL DUFY

19. Paysage.
20. Le Port.

GEO. DUPUIS

21. Nature morte.

OTHON FRIESZ

22. La place Dauphine (*soleil de printemps*).
23. La Route (*soleil d'hiver*).

CHARLES GUÉRIN

24. Femme nue.
25. Nature morte.

ARMAND GUILLAUMIN

26. Chemin des Gouttes (*neige*).
27. Moulin de Jonon.

FRANCIS JOURDAIN

28. La maison de Marie Jambes-en-l'air.
29. Soir de Printemps.

PIERRE LAPRADE

30. Le Lac.
31. Les Tuileries.

MAXIMILIEN LUCE

32. Coup de vent sur l'Étang de Moulineux.
33. Lever de lune.

HENRI MANGUIN

34. Grands arbres au couchant.
35. L'Allée.

ALBERT MARQUET

36. Dessus de toits.
37. Notre-Dame.

RAOUL DE MATHAN

38. Foule de Correctionnelle.
39. Cour d'assises.

HENRI MATISSE

40. Paysage *(Algérie)*.
41. Intérieur au petit garçon.

MAXIME MAUFRA

42. Le champ de blé.
43. La Route de Locronan *(Finistère)*.

GASTON PRUNIER

44. La Seine à Auteuil (*neige*).
45. Coucher.

PUY

46. Adam et Eve.
47. Portrait de Femme.

JELKA ROSEN

48. Automne.
49. Enfant norvégienne.

ODILON REDON

50. Fleurs. 51. Diane.

K.-X. ROUSSEL

52. Le Sacrifice.
53. Paysage (Appart. à M. G. D.).

H. DE SAINT-DELIS

54. Des Fleurs.
55. Les Chalutiers.

R. DE SAINT-DELIS

56. Falaise de Saint-Jouin.
57. Falaise de Saint-Jouin (*soleil*).

PAUL SIGNAC

58. Couchant rouge. *(Provence)*.
59. Le canal d'Oversehie. *(Hollande)*.

ROBERT VALLIN

60. Paysage. 61. Florence (*aquarelle*).

FÉLIX VALLOTON

62. Femmes (*intérieur*). 63. Baigneuse.

VALTAT

64. Paysage. — Femme assise.

THÉO. VAN RYSSELBERGHE

65. Sonia. 66. Oliviers à Cagnes.

MAURICE VIEILLARD

67. **Hersage** (*dessin rehaussé*).
68. **Des Chiens.**

MAURICE DE VLAMINCK

69. **Bord de Seine.** 70. **Le Remorqueur.**

E. VUILLARD

71. **La Maison Suisse.**
72. **Jeune fille dans un atelier.**

SCULPTURE

EMILE BOURDELLE

73. **Pallas Athénée** (*bronze*).
74. **Drame intime** (*bronze, cire perdue*).
75. **Prière.** 76. **Rieuse.**

LOUIS DEJEAN

77. **En promenade** (*terre cuite*).
78. **La Mariée** (*terre cuite*).
79. **Courrières.**

A. JEAN-HALOU

80. **Tête de paysanne** (*bronze*).
81. **Eve au pommier** (*marbre*).
82. **Baigneuse** (*terre cuite*).
83. **Résignation** (*terre cuite originale*).

ALBERT MARQUE

84. **Cadre contenant un bas-relief et trois médailles.**
85. **Torse de fillette** (*grès de Méthey*).
86. **Buste d'enfant** (*grès de Méthey*).
87. **Maternité** (*terre cuite*).

PIERRE ROCHE

88. **La Vérité** (*pierre*).
89. **La Morgane** (*gypsographie*).
90. **Les Korrigans** (*gypsographie*).

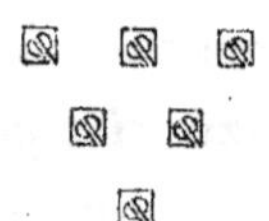

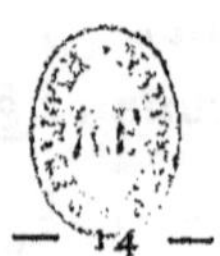

www.ingramcontent.com/pod-product-compliance
Lightning Source LLC
LaVergne TN
LVHW050517160826
845677LV00003B/1187

* 9 7 8 2 3 2 9 6 2 0 8 6 2 *